AF259812

MARIUS LAUCHE

LA RÉPUBLIQUE

ET

LA RÉACTION

Prix : 50 centimes

PARIS

DÉPOT PRINCIPAL, 20, RUE DU CROISSANT

EN VENTE CHEZ TOUS LES LIBRAIRES

Et chez l'Auteur, rue Oberkampf, 119

1879

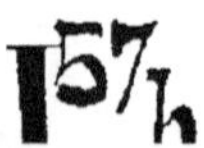

MARIUS LAUCHE

LA RÉPUBLIQUE

ET

LA RÉACTION

Prix : 50 centimes

PARIS

DÉPOT PRINCIPAL, 20, RUE DU CROISSANT

EN VENTE CHEZ TOUS LES LIBRAIRES

Et chez l'Auteur, rue Oberkampf, 119

1879

LA RÉPUBLIQUE

ET

LA RÉACTION

DIALOGUE ENTRE RÉPUBLICAINS

PERSONNAGES

UN PHILOSOPHE.	UN AVOCAT.
UN SOCIALISTE.	UN JOURNALISTE.

UN COLLÉGIEN, fils du Socialiste.

Un salon chez le Philosophe.

L'AVOCAT, *au Philosophe.*

Mais vous, homme sincère et doux, vous qui êtes un philosophe, comment pouvez-vous aimer un pamphlétaire ?

LE JOURNALISTE, *interrompant.*

Mon Dieu, parce que l'homme qui aime passionnément la légalité, la droiture, l'honneur, est d'autant plus indigné qu'il est plus doux, peut-être, quand on viole toutes les lois.

LE PHILOSOPHE.

Oui, j'aime le pamphlétaire audacieux, qui foule aux pieds, soufflète et frappe les effrontés triomphants, que leur crime et leur lâcheté firent l'égal des empereurs et des rois.

Il venge la conscience publique. Il soulage l'âme indignée de l'homme honnête, qui bout et frémit en concevant la possibilité du crime, comme issue unique à la situation où ces misérables ont acculé un pays.

Le pamphlétaire devient alors le vengeur et le porte-voix de la conscience publique indignée. Souvent c'est le précurseur de l'historien.

LE SOCIALISTE.

Moi, j'aime aussi l'écrivain, qui fait tinter les grelots de la folie railleuse à des oreilles blasées des plates louanges, et qui croiraient sans cela à l'aplatissement, à l'avilissement de toute une génération et de tout un pays.

Il ne me semble pas mauvais qu'un bruit strident se mêle à ce concert, et qu'un peu de vinaigre se répande sur tant de miel. Oui ! j'aime l'homme courageux, qui montre à un tyran débonnaire, trop porté à juger, d'après son entourage, la nation comme un vil troupeau qu'il mène à sa guise !... que le pays n'est pas si aveuglé qu'il croit, et qu'un jour peut-être il aura des comptes terribles à rendre !...

Cependant, le tyran endormi se réveille, les angoisses et les inquiétudes viennent le torturer. Son lit somptueux est un instrument de supplice. — Il étouffe. — Son cou est pris comme dans un carcan. — Il jette un regard effaré dans l'ombre, aperçoit une lueur rouge, et entend un sinistre ricannement. — Effrayé, il se lève !... A cette lueur rouge, qui est subitement devenue une lumière intense, il a vu le pamphlet que tout un peuple lit. — Il entend fredonner la *Marseillaise* ; et le pamphlétaire lui montre du doigt ce mot, écrit en traits de feu qui l'éblouissent : — Révolution.

(Ici il y eut un profond silence ; ce fut le Socialiste qui l'interrompit).

LE SOCIALISTE.

La préoccupation du peuple, la préoccupation des travailleurs, est d'avoir, en produisant, sinon le bien-être, au moins le pain quotidien assuré.

C'est une question si capitale, si plausible, qu'il est étrange que les gouvernants ne s'en préoccupent pas davantage.

Qu'il y ait des inégalités sociales, soit encore; mais pas d'*inégalité devant la faim*.

C'est une question qui découle si bien des besoins les plus naturels et les plus sacrés, qu'en vérité les hommes qui ont la témérité, l'aveuglement, d'opposer une barrière à d'aussi légitimes et urgentes revendications me paraissent être les vrais fauteurs du *péril social* et de cauteleux et dangereux adversaires. Car leur égoïsme et leur entêtement à maintenir des abus criants est d'autant plus perfide et coupable qu'ils jouissent de tous les avantages sociaux. Ils se font donc avocats au bénéfice de leur propre égoïsme. Et plus leur dialectique revêt un caractère conciliateur et mielloux, plus ils semblent parler au nom de tous, alors qu'ils ne parlent qu'au nom d'eux-mêmes, et plus ils sont odieux et méprisables, ou aveuglés et à plaindre.

LE JOURNALISTE.

La société étant bien organisée, il ne saurait pas y avoir antagonisme entre le pauvre et le riche, car ils ont un égal intérêt à s'entendre.

LE SOCIALISTE.

Évidemment. — Quoi ! ce serait un crime de lutter, de se coaliser, de se grouper pour échapper à la misère, à la faim ! Quoi ! arriver à ce problème *qu'aucun législateur n'a su résoudre* : l'extinction du paupérisme, c'est faire œuvre de mauvais citoyen ? C'est là une chose anti-sociale ?

Opposer, sans violence, à l'égoïsme brutal et inconsidéré de l'exploitant, l'union courageuse et imperturbable de tous les travailleurs, groupés dans une fraternelle entente, cela serait nuisible à la société ? — Mais au contraire.

Ce qui nuit à la société, et que tout gouvernement éclairé doit craindre, le mal enfin qui la ronge et qui la tuerait, c'est précisément que des groupes tout entiers de producteurs, d'ouvriers, soient fauchés ainsi, décimés par la misère et les privations. Ce qui nuit à la société, c'est que les générations futures soient atteintes dans leur germe, c'est-à-dire dans nos enfants.

Voilà ! voilà ce qui est préjudiciable à la société, qui a besoin de bons citoyens, d'hommes sains de corps et d'esprit, car l'esprit contracte je ne sais quel germe morbide dans certaines situations sociales si affreusement précaires.

Voilà le vrai *péril social!...*

Et vous, riches, qui tremblez tant parfois, ne créez-vous pas ce qui vous épouvante? D'un côté les légitimes prétentions des masses, si faciles à satisfaire au mieux des intérêts de tous; de l'autre, des despotismes qui s'appellent d'un nom quelconque; des *sauveurs de société,* qui amènent avec eux un semblant de bien-être; puis, après le désarroi, l'invasion, le démembrement de la patrie, et des rançons formidables à payer. — Et ces milliards, consacrés à des travaux indispensables, eussent fait vivre tout un peuple; auraient répandu des richesses fécondes et amené le bien-être et l'abondance.

Et puis, quelle sécurité pour la société, quand les hommes qui travaillent se voient ainsi frustrés dans leur droit le plus légitime : celui de vivre, enfin, d'élever leurs familles.

Quoi! une guerre nous coûte tant de milliards et tant de citoyens, et nous ne ferions rien pour conserver nos frères! et nous ne ferions rien pour sauvegarder tant d'intérêts si chers, si précieux ?

Le Socialiste ajouta :

Le seul amour qui vous laissera sans déception

ici-bas, n'est-ce pas l'amour que vous portez à vos frères ? et, par vos frères, j'entends l'humanité !

Votre père, votre mère mourront ; vos plus proches parents, vos meilleurs amis les suivront ; mais l'humanité est éternelle !

Elle seule peut donc contenter, assouvir cette inextinguible soif d'amour, ce besoin impérieux d'être utile à ses semblables et de leur faire du bien ; elle seule peut satisfaire, enfin, les aspirations d'un cœur bien situé, qui se retrempe et se retrouve, après les plus grands orages de la vie, dans sa foi au bien et dans son inaltérable amour de ses semblables.

LE JOURNALISTE.

Je crois que, puisque Dieu s'est si manifestement dissimulé à nos regards, il n'a pas permis que les hommes pussent lever un coin du voile ! et que ceux-là sont téméraires et audacieux qui prétendent l'expliquer et osent dire qu'ils parlent en son nom ! Et s'il est permis de prêter à la majesté souveraine les signes que nous employons, nous chétifs, pour marquer notre mépris ou notre doute, de quel haussement d'épaules Dieu ne doit-il pas payer les cagots et les robins à la pédantesque faconde ! qui prétendent l'expliquer, s'arrogent le monopole d'être seuls à le connaître, et qui veulent bien, avec protection, nous promettre leur concours pour escalader ce ciel, dont

ils font miroiter l'espérance à nos yeux éblouis.
— Titans-pygmées. — Moyennant quoi, il leur
sera donné de vivre avec faste et honneur, à l'abri
des luttes quotidiennes du pauvre, en lui prêchant
l'abnégation et la vertu.

LE SOCIALISTE.

La solidarité me semble être la vraie religion.
Et, dans les temps modernes, les républicains sont
les vrais croyants.

LE PHILOSOPHE.

La religion ! douce fiction des âmes sereines, qui
vécurent à tous les âges, et conçurent, dans la
douce et candide exubérance de leur âme sublime,
les plus radieux songes, de suaves et enchante-
resses visions ! Qui chantèrent le Ciel, y crurent,
et, certes, en furent dignes ; qui s'élevèrent, par la
toute-puissance de leur imagination et de leur génie, jusqu'à la plus haute compréhension où
puisse atteindre un homme : jusqu'à son Dieu !

O vous ! âmes vénérées, doux poëtes, angéliques
et doctes législateurs ! pouviez-vous croire jamais
que la religion, que la foi qui vous anima, que la
plus noble portion de vous-même, transmise d'âge
en âge, de disciple à disciple, pût être la source
des plus grands maux de l'humanité, devînt le
prétexte des plus atroces cruautés, des crimes les
plus féroces, et qu'une religion, toute de mansué-

tude et de paix, pût devenir jamais la source de tant de guerres ?...

Et qu'enfin des hommes, qui étaient aux antipodes de vos préceptes, mais qui en répétaient jésuitiquement la lettre, pussent se dirent autorisés de vous pour damner et anathémiser une partie de l'humanité, qui se refusait à les croire ?...

Et qui osèrent faire une question de lucre et de commerce de ton flambeau, ô Foi divine ! et de ton cœur, divine Charité !

16 Mai. — Amnistie.

L'AVOCAT.

Se préoccupe-t-on suffisamment des causes de la démoralisation, qui peut se produire en bas, si on ne juge pas certains hommes ?

Quand toutes les idées droites ont été viciées, tordues, transformées en raison de l'honnêteté tout d'une pièce, quelquefois ; quand un homme surprit les natures, qu'il crut loyales, en flagrant délit de malhonnêteté, — alors il se fait chez cet homme-là un ébranlement moral infini, dont la profondeur et les résultats sont incalculables.

Cet homme est impitoyablement raillé, moqué. Il prend la société en haine, et, dans son for intérieur, a honte d'avoir été si longtemps une dupe, et se surprend à avidement désirer de se dépraver. — Mais c'est fait et irrémédiable ; le malheur est accompli !

Vous avez devant vous, en présence, un forcené adversaire, dont toute la perversité naissante se grossit de la longue duperie que vous lui avez fait subir. — Il vous crut honnêtes ! — Il crut à l'honnêteté et l'on a odieusement abusé de sa croyance. Il eut des cordes nobles, on l'en punit. — Il en rougit comme d'une honte. Il ne

voit plus que des dupeurs et des dupés, des jouis-
seurs et des affamés, — des loups et des agneaux,
qui vont laissant leur laine à travers les halliers.
— La loi ne lui semble plus être qu'une subtile et
plaisante invention consignée dans les codes. —
Les législateurs lui paraissent des farceurs plus ou
moins réussis, qui créèrent ce traquenard lu-
gubre, où le malheureux, infailliblement, se vient
prendre. — Et, comme dans la fable de La Fon-
taine, chien fidèle jusqu'alors, il emportera lui
aussi son lopin, en présence de la démoralisation
et de l'avidité universelle.

Et cet homme, qui oserait le condamner à pré-
sent ?

Qui jetterait la première pierre à ce malheureux ?

Le jugerait-on sans remonter aux causes ?

Espérez-vous, par vos arguments, faire que sa
conscience le condamne ? — Non, vous ne le sauriez plus désormais.

Avant de condamner un infortuné, examinez,
pesez ce qui a pu le rendre coupable ; mais ne
laissez jamais le crime impuni, triomphant en
haut. — Ceci démoralise nne nation.

Il s'agit donc de moraliser la nation française,
que les gouvernements antérieurs ont, dans une
certaine mesure, démoralisée. — La République
seule en est digne. — Elle seule le peut faire.

Le pays, mûri par ses malheurs, peut entendre la vérité. Il faut la lui dire.

LE JOURNALISTE.

Nous vivons en des temps troublés. — L'équivoque, voilà ce qui nous tue.

L'AVOCAT.

M. Thiers n'a pas voulu trahir le gouvernement dont il était le chef; et, il faut le dire à la honte de ce temps, c'est là son titre d'immortelle gloire.

LE PHILOSOPHE.

Il faudrait placer à je ne sais quel pilori les hommes qui se jouent de la conscience publique et abusent de leurs fonctions.

LE SOCIALISTE.

Oh! le 16 mai! Combien on était attristé alors, et combien de cœurs fermes et hauts étaient navrés et malheureux en songeant aux destinées de ce grand pays, si éprouvé et si noble dans cette épreuve. Les plus sinistres prédictions semblaient alors possibles. — On entendait du dehors des étrangers raillant la France. — Et, bien que l'on crût fermement à ses glorieuses destinées, on avait comme froid à l'âme.

LE JOURNALISTE.

Je ne sais. — Pour moi, ce qui se passait alors me semblait une fantasmagorie aussi épouvantable qu'invraisemblable. — On assistait à tout ce qui se passait, morne et éperdu. — Vivait-on chez les Hurons ou chez les Cafres ? — Chez les Patagons ou chez les Iroquois ? — On ne savait. Et je demande bien pardon à tous ces braves sauvages, qui ne sont certainement pas flattés du tout de cette comparaison. Que d'attaques, messieurs, que de persécutions.

L'AVOCAT, *au Journaliste.*

La presse, comme toujours, a fait noblement son devoir. — Et vous avez eu, monsieur, l'honneur d'être frappé par ce gouvernement-là.

LE JOURNALISTE, *en riant.*

Oh ! c'est un honneur que j'ai partagé avec beaucoup de mes confrères. — Oui, j'ai été condamné pour un article : prison, amende, rien ne manquait.

LE COLLÉGIEN.

Oh ! comme je voudrais lire cet article.

L'AVOCAT.

Je ne me rappelle pas cet article-là. *(Au Philo-*

sophe.) Et, puisque vous avez le journal tout relié, vous seriez bien aimable de nous le lire.

LE PHILOSOPHE.

Volontiers. (Il prit un grand volume et lut le fragment qui suit :)

« Quand les hommes politiques dissimulent la vérité, ne reculent devant aucun moyen et ourdissent au grand jour un vaste complot pour renverser la République, dont *ils sont les ministres*, Machiavels sans génie, mais surtout sans scrupules, —

» Que doivent faire les républicains ?

» Quand ils mentent au pays qui les juge et les condamne depuis tant de temps qu'ils détiennent le pouvoir au prix de quelles intrigues et de quelles brigues ! — Après qu'ils reçurent sur les deux joues les soufflets si mérités que le suffrage universel vient d'y appliquer. — Loyer bien légitime de tels et de si honteux agissements.

» Que doivent faire les républicains après la publication de ce *Bulletin des Communes,* qui souleva d'indignation le cœur de tous les hommes honnêtes, abstraction faite de toutes les questions politiques pendantes. . . . .

. . . .

» Ces Trissotins, ces Vadius, qui voudraient exclure et frapper d'ostracisme ceux qui les blâment, c'est-à-dire le pays tout entier... »

LE SOCIALISTE, *en riant.*

Oui ; nul n'aura de l'esprit, hors nous et nos amis.

LE PHILOSOPHE. *(Il lit.)*

« Voyez-vous ce domestique notoirement convaincu d'infidélité, qui se butte et dit à son maître, qui le chasse : Vous ne sauriez pas avoir de plus fidèle et de meilleur serviteur que moi. Il faut, pour que vous veulliez me chasser, que vous ayez perdu le sens commun, le *sens moral.* — Et, je vous le déclare, je ne m'en irai pas !... Non, je ne m'en irai pas. — Dussé-je employer la force — dût-il ne rien rester debout et entier dans votre maison. — Vous ne m'ex-pul-se-rez pas, dût la maison crouler sur nous — inévitable conséquence de notre lutte. — Je vous servirai, monsieur ! j'*émargerai* — dût le pays sombrer dans la tempête que je soulève, et ses ennemis aux aguets recueillir ses épaves ! »

LE JOURNALISTE.

Je n'en veux plus, pour moi, aux ministres du 16 mai.

LE SOCIALISTE, *bondissant.*

Comment !

LE JOURNALISTE.

Le pays, l'opinion publique les a rudement châtiés. — Oublions-les donc. — Mais je crois fermement, dans l'intérêt de mon pays, qu'il eût importé que ces hommes-là fussent contraints de rendre compte de leur conduite. Je crois que plus on est haut placé dans la hiérarchie sociale, plus on connaît la loi enfin, plus on doit la respecter. — Vous, ministres, surtout ! Je crois encore que les hommes aventureux et sans scrupules, qui rêvent de coups d'État, peuvent être enhardis, encouragés par ceci et se dire : ma foi, il en coûte bien peu quand on perd ces parties-là. — Mais si on les gagne !.... Je crois enfin, je crois surtout que, puisque tous les Français sont *égaux devant la loi*, les malheureux qui sont parfois si sévèrement punis au nom de cette loi, sans la connaître souvent, ne peuvent pas comprendre que des hommes, dont les actions ont été si hautement blâmées et condamnées par le pays, *n'aient aucun compte à rendre*. — Et sans examiner si, au fond, la conduite de nos gouvernants n'encourage pas les fauteurs de coups d'État de l'avenir, combien d'hommes ont été supris de la décision prise par le gouvernement ? — Combien de républicains, après avoir vainement cherché, sans trouver un motif valable, un motif plausible, pour qu'on ait amnistié ces hommes-là, peuvent en arriver à se dire : — C'est donc parce qu'ils ont été ministres ?...

L'AVOCAT.

C'est une mesure d'apaisement.

LE SOCIALISTE, *avec véhémence.*

Mais avez-vous le droit de gracier des ministres quand d'autres hommes ont été condamnés ? S'il faut être indulgent, soyez indulgents ; surtout avec les faibles et les petits.

LE JOURNALISTE.

D'ailleurs, ce qui a été dit par des hommes très honorables et très sincères ne doit pas paraître aujourd'hui de vaines et creuses déclamations. Il faut éviter, sous prétexte d'apaisement, de rallumer toutes les rancunes.

LE PHILOSOPHE.

Eh bien ! *amnistie pour tous les Français.*

LE SOCIALISTE.

Oui, amnistie pour tous les Français.

L'AVOCAT.

Oh ! messieurs, l'amnistie je l'appelle de tous mes vœux ; elle serait si profitable à la République.

LE JOURNALISTE.

En effet ; car si bien des gens voient dans ce

condamné politique un malheureux qui a commis un forfait qu'il expie, victime d'une exaspération peut-être excusable après tant et de si cruelles souffrances, — victime aussi de la misère, qui le rivait au seul moyen qui lui restât de se nourrir et de nourrir sa famille, — qu'est-ce qu'une société civilisée, qu'est-ce que des gens de cœur doivent voir dans les enfants et la femme de ce malheureux déporté ?

Que craint-on ? Une insurrection renaissante ! — Mais quel homme sérieux pourrait nous soutenir que, eût-elle, ce que je dénie, les mêmes sentiments de haine et de juste colère, elle aurait la même puissance, la même funeste efficacité d'action ? Quel homme sérieux oserait soutenir cela ? Aucun, n'est-ce pas ?

Et je dirai aux hommes qui sont à la tête du gouvernement de la République : Tout doit vous inciter, vous déterminer à la clémence, car vous n'avez plus en face de vous que des malheureux.

Qu'est-ce que les tristes débris de discordes civiles, que nous voulons tous oublier, devant la société formidable et répressive? Je dis aussi à la réaction : Ne jugez pas de la haine d'autrui par les sentiments de rancune et de vengeance que vous nourrissez. — Ne voyez en ces hommes que les victimes d'une chose fatale qu'ils subissent, et songez à la famille. Amnistie au nom de la France ; amnistie au nom de ces pauvres femmes, au nom de ces enfants, futurs bons citoyens dont la société française nous sera redevable, et qui peut-être comprendront qu'après même avoir perdu les siens, il peut résider au fond d'un cœur d'homme d'autres sentiments que ceux de la haine.

LE PHILOSOPHE.

Je partage, mon cher monsieur, absolument votre avis : L'Insurrection me semble une hydre, à qui la réaction fait croître sans cesse des têtes renaissantes, et que la clémence détruit.

L'AVOCAT.

Pourquoi la République ne fait-elle pas ce qu'ont osé faire certains monarques, certains fondateurs de dynasties : l'empereur Auguste et Henri IV, pour ne citer que ces deux-là ?

Entendait-on mieux les grands principes de la saine et vraie politique il y a plusieurs siècles qu'aujourd'hui ? Et les républicains se laisseront-ils donner des leçons de sagesse et d'apaisement par des monarques d'un autre âge, et quand il s'agit de leurs frères malheureux ?

LE JOURNALISTE.

Vous demandez pourquoi la République n'ose pas accomplir cette grande action de l'amnistie pleine et entière, dont certains monarques, profonds politiques en ceci, ont su naguère prendre l'initiative. Ah ! pourquoi ? Mais parce que la réaction est là, qui guette, surveille, et empêche toutes les bonnes résolutions de nos gouvernants d'aboutir.

Il faut du bon sens, de la sagesse pour réussir en politique ; en république, c'est indéniable. — Mais certains réactionnaires comptent précisément sur ce bons sens, qui ne va pas sans un peu de pusillanimité et de ménagements. — Et certains profonds politiques, peu patriotes... mais on n'a pas besoin d'être patriote pour être un profond politique, n'est-ce pas ?... donc, ces politiques-là comptent sur des réformes lentes pour détruire la République. Ils espèrent que le pays se lassera.

LE SOCIALISTE.

C'est un leurre. — Le pays a prouvé sa sagesse. Le pays veut la République. — Cependant tout gouvernement qui laisse contester son existence, qui n'ose pas être lui-même, qui ne se fait pas respecter, est un gouvernement anarchique.

Je suis partisan résolu de toutes les libertés, mais je crains les restrictions et les lenteurs, qui sont si préjudiciables à la République et servent la réaction.

LE PHILOSOPHE.

C'est cela ! Égalité devant la liberté ! Égalité devant la clémence !

LE JOURNALISTE.

Le pays pense ; le pays sait lire aujourd'hui. Et que voulez-vous que dise ce souverain si peu écouté, moqué quelquefois ? — Voulez-vous donc qu'il en arrive à se désintéresser des questions les plus vitales, les plus importantes ? — Voulez-vous que, lassé enfin, il devienne sceptique ?

Les peuples qui arrivent au scepticisme, au découragement, sont des peuples mûrs pour les coups d'État. — C'est ainsi que les *sauveurs de sociétés* les désirent !

La France le sait.

L'AVOCAT.

Le scepticisme, en matière politique, peut avoir des conséquences funestes pour un pays.

Mais quand une situation tendue, équivoque, s'éternise ; quand le peuple voit tour à tour se succéder les hommes et que rien ne lui paraît changé dans la situation anormale d'un gouvernement, il y a danger, et j'élève la voix pour dire à nos représentants : Prenez garde !

Quand un gouvernement se laisse extorquer par la réaction des concessions pour avoir je ne sais quel semblant de calme dans la fièvre, pire cent fois que les orages qu'il redoutait, il ressemble à ces fils de famille qui se mettent à la merci d'un usurier, toujours plus insatiable, et qui finit par les ruiner.

Il bouillonne alors dans les veines populaires une lave qui, un jour, semblable à une éruption volcanique, détruira ce gouvernement-là ! —

comme le Vésuve détruisit autrefois Herculanum et Pompéï.

LE JOURNALISTE.

Quand les membres de la majorité agissent en hommes prudents et circonspects et que le pays assiste, malgré cela, à des luttes parlementaires lamentables, qu'il voit les adversaires du gouvernement redoubler de violence et d'audace, en présence de la prudence et de la modération des républicains...

Le pays peut se demander si la tolérance outrée, poussée jusqu'à certaines limites, n'encourage pas les menées anarchiques des ennemis de l'*ordre* et du gouvernement.

LE PHILOSOPHE.

Législateurs! Allez écouter ce que les peuples disent de vous, en bas.

L'AVOCAT.

Le grand mal c'est l'équivoque, inséparable fléau des époques de transition.

On était, depuis 1871 jusqu'au départ de M. de Mac-Mahon, sous un gouvernement portant le nom de République, mais dirigé, le pays sait comment, par les monarchistes. Eh bien! voilà la République! disent les adversaires du gouvernement.

On impute à la République toutes les menées de la réaction, qui dirigeait la politique d'alors.

Voilà la République! répètent les niais ou les intéressés. Mais, pourrait-on répondre : Les hommes qui étaient aux affaires étaient les adversaires de la forme du gouvernement existant; de là tous les malheurs dont vous vous plaignez. De là les maux dont vous gémissez.

Si vous saviez être résolument républicains en république, tout irait au mieux, et la France serait calme, tranquille et prospère.

LE JOURNALISTE.

En effet ! — il est des gens qui veulent établir une confusion entre le Septennat et la République : ils ont un intérêt très évident à cela.

Les agissements de la réaction, si préjudiciables à la République cependant, sont attribués à cette dernière. Allez donc faire cette distinction-là avec des gens qui ont intérêt à tout embrouiller.

Ils veulent prouver que la République est le plus mauvais des gouvernements. — Oui, quand vous étiez à sa tête, peut-on leur répondre, quand vos amis dirigeaient sa politique.

De là un chaos, une confusion dans bien des esprits, et bien des personnes, de bonne foi même, sont comme ahuries et ne savent plus à qui entendre; et s'il arrive à quelqu'une d'elles de se plaindre, alors des gens viennent dire, avec la bonne foi que vous savez, et, en manière de consolation :
— « Eh bien! mais, ce qui arrive-là est tout

naturel ; il en sera toujours ainsi en République !
Vous vous plaignez ? Cela n'est rien, et vous en
verrez bien d'autres. »

C'est stupide ; mais si ça pouvait faire son
chemin ! — Air de Bazilio, musique de Rossini. —
Si cela pouvait se propager, comme cela ferait
bien le jeu de certains messieurs de la réaction,
qui y comptent pour désagréger nos forces.

Il est certaines sottises qui sont d'autant moins
contestées qu'il est plus facile d'y contredire. On se
borne à hausser les épaules. Et puis, c'est un si
sot métier de discuter l'absurde !

LE SOCIALISTE.

Quand les hommes ont été plongés dans d'épais-
ses ténèbres, ils ont besoin de voir, ils sont avides
de la lumière.

Quand l'erreur s'est établie, avec impudence, à
la place de la vérité, rien ne doit plus coûter pour
rétablir la vérité.

L'AVOCAT.

Certainement. Toutefois, les mesures d'apaisement me semblent les meilleures. Aussi aurais-je
voulu l'amnistie pleine et entière, et puis certaines
réformes urgentes, indispensables.

Vous ménagez la réaction qui y compte et qui ne
vous ménagera pas, elle ! Tous ces tiraillements en
sens contraire épuisent et énervent un pays. C'est
un état de fièvre que vous prolongez. Résultat : la
réaction n'en crie que plus fort, car elle a l'impu-

nité. — Les républicains sont mécontents. Le pays souffre.

LE PHILOSOPHE.

Et votre conclusion ?

L'AVOCAT.

Craindre sur toute chose ce qui ressemble de près ou de loin à l'anarchie. Avoir de l'énergie, de la fermeté, de la décision, et arriver à ce tout modeste et peu prétentieux résultat, de faire enfin que sous le gouvernement de la République on s'aperçoive qu'on vit en République.

LE SOCIALISTE, en riant.

Les réactionnaires coalisés ont certes un peu contribué a fonder la République *malgré eux !*

LE JOURNALISTE.

Ceci me rappelle... tenez... quand Bazaine passa en jugement, ce fut une grande satisfaction pour l'opinion publique, et je m'écriai enthousiasmé : — Oui, le monde applaudissant la justice française, dans son impartialité dira : Vous avez condamné Rossel ! mais vous avez condamné Bazaine aussi. (*Avec amertume*). Toujours des déceptions nouvelles.

Rossel a été fusillé ; et Bazaine ?...

LE COLLÉGIEN.

Oh ! monsieur, il s'est évadé.

LE SOCIALISTE.

Mais, messieurs, que voulez-vous que pense le

pays quand le commandant est terriblement châtié, et qu'il sait le maréchal, dont la peine fut commuée, libre aujourd'hui ?...

LE PHILOSOPHE.

Oh ! messieurs, détournons les regards de cette époque maudite.

Parlons plutôt de cette grande Révolution française. Assez de sujets attristants sont venus s'offrir déjà à notre pensée.

Parlons de Hoche, de Marceau, de tant d'autres ! Quelle époque ! Quelle fertilité de grands hommes ! Quels héroïques soldats ! Quelle armée ! Quel entassement de gloire contenue en peu d'années ! à rendre jaloux tout un siècle. Époque féconde et bénie !

Qui peut dire, qui peut estimer à quel degré de puissance serait arrivée la France, si elle avait conservé la République ?

Songez aux grandeurs de 92.

Ne semble-t-il pas que cette grande nation française avait reçu d'en haut la mission de recommencer ces guerres des temps héroïques ? Qu'elle avait hérité des talents et des vertus qui élevèrent la Grèce et Rome à un si haut point de puissance et de grandeur ?

Héritage immortel ! Legs précieux !

L'AVOCAT.

La monarchie n'existe plus ; voici la République. — Et la nation française a recouvré ses frontières naturelles, que n'avaient pu lui donner aucun de ses rois.

Elle s'est plus agrandie en vingt ans que la monarchie ne l'avait agrandie en dix siècles, jusqu'à ce qu'un empereur vînt, en amenant deux invasions successives, réduire le pays aux proportions de l'ancienne monarchie de Louis XVI.

LE PHILOSOPHE.

Qui avait fait enfanter à la France tant de héros qui étonnèrent le monde ?

C'était ton souffle, divin patriotisme ! — C'était ton cœur, ô grande République, qui animait tous ces héros et les fit surgir. — C'était ton âme ! ô ma France, qui créa toute cette jeunesse qui marchait invincible, refoulant l'invasion, et sortait héroïque des orgies de la royauté !

Comment imaginer jamais qu'il serait donné à des hommes comtemporains d'égaler, de dépasser des héros légendaires qui avaient surgi du cerveau d'Homère plus grands que nature ? — Oh ! patriotisme, toi seul peux enfanter ce miracle !

Les âges héroïques sont recommencés et agrandis. Etant plus vrais, il sont encore plus merveilleux, plus étonnants.

Et le plus grand génie poétique de ce siècle et de tous les siècles, Victor Hugo, notre Homère à nous, peut chanter des merveilles et faire des Iliades en racontant la gloire de ces Français.

LE SOCIALISTE.

Le Républicanisme est une transformation sociale, lente et progressive, au bénéfice, bien entendu, de la société. — La réaction fera donc tous ses efforts pour enrayer la marche du progrès, mais autant vaudrait tenter d'arrêter la marche du temps !

Républicains ! serrons les rangs. — Nous avons la force, ayons la sagesse. — Quand nous étions les plus faibles, nous l'avions déjà.

Déconcertons tous les projets de la réaction par notre entente imperturbable.

Qu'il n'y ait jamais de questions de personnes. Prenons garde de faire le jeu de nos adversaires en nous critiquant.

L'AVOCAT.

Ce qui a le plus servi la République, c'est l'effacement personnel devant le grand œuvre, le mépris des souffrances, des persécutions.

C'est le martyr de Baudin. — L'abnégation et l'héroïsme de tous ces grands proscrits de Décembre.

Le stoïcisme, la discipline du pays pendant le Septennat.

LE PHILOSOPHE.

Quand deux Républicains combattent, les monarchistes se réjouissent. — Et si les républicains

savaient ce que la réaction gagne à cela, ils frémi-
raient.

Union ! Tout l'avenir républicain est dans ce
seul mot.

Au reste, cet avenir ne saurait plus désormais
être mis en question. — La grandeur de la République est assurée ; elle a sa légende et ses mar-
tyrs.

Mai-Août 1879

9 2499 Paris. Morris père et fils imp. brev., rue Amelot, 64.